VENTE

du Samedi 23 Janvier 1904

A 2 HEURES

Meubles Anciens

& DE STYLE

Tableaux Anciens & Modernes

AQUARELLES, DESSINS, GRAVURES

Objets de Vitrine, Argenterie

PORCELAINES, FAIENCES

TAPISSERIES — ÉTOFFES

EXPOSITION PUBLIQUE

Le Vendredi 22 Janvier 1904, de 2 heures à 6 heures

Me LAIR DUBREUIL, Commissaire-Priseur

M. ROBERT DUPLAN, Expert

PARIS. — IMPRIMERIE C. CHAUFOUR
8-10, Rue Milton, 8-10

CATALOGUE

DES

MEUBLES ANCIENS

et de style

Secrétaire, Commodes, Bureaux en marqueterie de bois d'époque Louis XV et Louis XVI
Table de salon en bois doré Louis XIV, Crédences, Buffets, Tables d'époque et style Renaissance et XVIIe siècle, etc.

BEL AMEUBLEMENT DE SALLE A MANGER EN ACAJOU MASSIF

Meuble de salon garni en soie, Sièges divers

TABLEAUX ANCIENS ET MODERNES

AQUARELLES — DESSINS

par ou attribués à

BONVIN, BOUCHER, CHINTREUIL, DELPY, GRANET, GUARDI, HERVIER
HUBERT-ROBERT, VAN LOO, OUDRY, PALIZZI, PANINI, SCHALKEN

DESSUS DE PORTES — GRAVURES

BRONZES — EMAUX CLOISONNÉS

Lustres, Candélabres, Pendules, Cartel
Flambeaux, Jardinières

OBJETS DE VITRINE — ARGENTERIE

Porcelaines — Faïences — Objets variés

TAPISSERIES, ÉTOFFES

DONT LA VENTE AUX ENCHÈRES PUBLIQUES AURA LIEU

HOTEL DROUOT — SALLE N° 10

Le Samedi 23 Janvier 1904, à 2 heures

Me F. LAIR-DUBREUIL
COMMISSAIRE-PRISEUR
6, Rue de Hanovre, 6

M. Robert DUPLAN
EXPERT
10, Rue Rossini, 10

Chez lesquels se distribue le présent catalogue

EXPOSITION PUBLIQUE

Le Vendredi 22 Janvier 1904, de 2 heures à 6 heures

CONDITIONS DE LA VENTE

La vente sera faite expressément au comptant.

Les acquéreurs paieront 10 o|o en sus des adjudications

L'exposition mettant le public à même de se rendre compte de l'état des objets, il ne sera admis aucune réclamation une fois l'adjudication prononcée.

4549. — Imp. C. Chaufour, 8-10, rue Milton, Paris.

DÉSIGNATION

MEUBLES, SIÈGES

1 — Beau secrétaire en marqueterie de bois de rose et palissandre, décoré sur la façade et sur les côtés de bouquets et de corbeilles de fleurs, encadrements, ornements et entrées de serrures en bronze doré, dessus de marbre. Epoque Louis XV.

2 — Grande table de salon à entrejambes en bois sculpté et doré, dessus en marbre. Epoque Louis XIV.

3 — Commode formant bureau en marqueterie de bois de rose et palissandre, décorée sur la

façade d'un motif à vase de fleurs, ornements, poignées et entrées de serrures en bronze ciselé et doré. Epoque Louis XVI.

Elle ouvre sur le devant à un tiroir, le dessus se développe et la partie postérieure livre passage à une série de tiroirs placés à l'intérieur.

4 — Petit bureau à cylindre en marqueterie de bois à losanges, entrées de serrures et sabots en bronze doré. Epoque Louis XVI.

5 — Petit bureau à abattant en ancien laque, chutes et sabots en bronze doré. Epoque Louis XV.

6 — Table à coiffer en palissandre, d'époque Louis XV.

7 — Table de nuit à coulisses en marqueterie de bois. Epoque Louis XVI.

8 — Commode en marqueterie de bois et ornements de bronzes dorés, dessus en marbre. Epoque Louis XV.

9 — Table à quatre faces en bois sculpté, sur quatre pieds à entrejambes. Epoque L. XIII.

10 — Petite commode Louis XV en acajou et bois de rose, dessus en marbre.

11 — Meuble à deux corps en bois sculpté, composé d'une crédence à cariatides de femmes supportant un coffre à abattant décoré d'un médaillon à jeu d'enfants sculpté en relief, orné aux angles de cariatides et couronné par un écusson accosté de figures d'amours. Travail italien de style Renaissance.

12 — Buffet à deux corps en bois sculpté : la partie inférieure, d'époque XVIIe siècle, ouvre à deux vantaux sculptés à personnages et palmes et supporte une étagère à colonnettes cannelées.

13 — Meuble crédence en bois noir, panneaux ornés de bas-reliefs en bronze d'après JEAN GOUJON. Style Renaissance.

14 — Bel ameublement de salle à manger en acajou massif, composé de : un buffet-dressoir

à médaillons sculptés, deux dessertes, une table ronde et douze chaises couvertes en cuir.

15 — Bureau plat en acajou à filets de cuivre, de style Louis XVI.

16 — Crédence en bois sculpté de style gothique.

17 — Coffre en bois sculpté, fin XVIe siècle.

18 — Table en bois incrusté, travail dit certosine.

19 — Deux chaises-escabeaux de même travail.

20 — Meuble de salon en bois laqué blanc de style Louis XV, garni en soierie vert-réséda, composé de : un canapé et deux fauteuils.

21 — Grand fauteuil en noyer sculpté garni de cuir repoussé et clouté de cuivre.

22 — Deux chaises en bois sculpté garnies de velours rouge, dossiers à cariatides, rinceaux et coquilles surmontés d'armoiries.

23 — Fauteuil en noyer sculpté de style Renaissance couvert en velours ciselé sur fond vieux rose.

24 — Banquette Louis XV en bois sculpté et doré garnie de soierie rose.

25 — Chaise chauffeuse en bois sculpté et doré garnie de velours frappé vert, style Louis XVI.

26 — Chaise en bois de fer sculpté incrusté de nacre, siège en marbre. travail chinois.

27 — Tabouret oriental de forme octogonale en marqueterie de bois incrustée de nacre.

TABLEAUX

Aquarelles, Dessins

BARRA

28 — *Femme nue couchée dans un paysage.*

BONVIN

29 — *Les Forgerons.*

BOUCHER?

30 — *Vénus et l'Amour.*

Dessin à la sanguine. Signé et daté à gauche B. 1774 en Septembre.

BOUCHER (Genre de)

31 — *Les Amours Vendangeurs.*

Dessus de porte en camaïeu brun.

CHINTREUIL (Attribué à)

32 — *La Seine au bas Meudon.*

DEBUCOURT

33 — *Annette et Lubin.*

Gravure en couleur.

DELPY (H.)

34 — *Paysage avec figure de laveuse au bord d'une rivière.*

ECOLE ANGLAISE DE 1830

35 — *Jeune femme et son enfant.*

Dessin au crayon rehaussé.

ECOLE ESPAGNOLE

36 — *La Vierge allaitant l'Enfant Jésus.*

ECOLE FLAMANDE

37 — *Paysage et Animaux.*

Ovale cadre sculpté et doré.

ECOLE FRANÇAISE DU XVIIIe SIECLE

38 — *Personnages au bord de la Mer.*

Cadre ancien en bois sculpté et doré.

39 — *La Bouquetière. La Laitière.*

Deux pendants, forme ovale.

ECOLE FRANÇAISE

40 — *Portrait présumé de Laure de Sade.*

ECOLE FRANÇAISE DU XVIIIe SIÈCLE

41 — *La Femme au masque.*

ECOLE FRANÇAISE DU XVIIe SIÈCLE

42 — *Portrait d'homme.*

ECOLE FRANÇAISE DU XVIIIe SIÈCLE

43 — *Les Amours essayant leurs flèches.*

44 — *Petit Bacchus et enfants.*

Deux peintures décoratives. Dessus de portes.

45 — *Ruines, paysage avec figures et animaux.*

Peinture décorative.

46 — *Berger et troupeau dans un paysage.*

Peinture décorative. Dessus de porte.

ECOLE FRANÇAISE

47 — *Paysage avec figures, soleil couchant.*

48 — *Le Dessinateur, paysage.*

ECOLE ITALIENNE

49 — *La Sainte Famille.*

ECOLE MODERNE

50 — *La Visite à la châtelaine.*

50 *bis* — *Le Retour de la promenade sur le lac.*

Deux peintures décoratives ovales dans des encadrements de feuillages, de fleurs et de rinceaux.

FONTENAY (B. de)

51 — *Fleurs.*

Cadre en bois sculpté et doré.

FRAGONARD (Ecole de)

52 — *Jeune femme courant et portant une corbeille sur la tête.*

Cadre ancien en bois sculpté et doré.

FRAGONARD (d'après Honoré)

53 — *Les Hasards heureux de l'escarpolette.*

Gravure en noir par Delaunay, belle épreuve.

54 — *Le Serment d'amour.*

Epreuve en noir.

GRANET

55 — *Le Maréchal, duc de Joyeuse au couvent des Capucins.*

GUARDI (Attribué à)

56 — *Le Palais ducal à Venise.*

Cadre ancien en bois sculpté et doré.

HERVIER

57 — *Le Marché.*

HUBERT-ROBERT

58 — *Paysage avec ruines.*

Aquarelle.
Cadre ancien en bois sculpté et doré.

LEBRUN (Ecole de)

59 — *La Famille de Darius implorant Alexandre.*

Cadre ancien en bois sculpté et doré.

LOO (Attribué à CARL VAN)

60 — *Jeune femme Louis XV et son nègre.*

Cadre ancien en bois sculpté et doré.

OUDRY?

61 — *Gibier mort.*

Cadre ancien en bois sculpté et doré.

PALIZZI

62 — *Le Jeu de la Morra.*

PANINI

63 — *Personnages dans des ruines.*

Deux pendants.

SCHALKEN

64 — *Enfant soufflant une lumière.*

Cadre ancien en bois sculpté et doré.

VAUQUELIN (René).

65 — *Une juive d'Alger.*

66 — Deux dessus de portes à décor d'oiseaux en camaïeu gris.

67 — Glace surmontée d'un trumeau à sujet pastoral d'époque Louis XVI.

68 — Cinq photographies encadrées, reproductions de musées.

BRONZES, ÉMAUX CLOISONNÉS

69 — Paire de vases en émail cloisonné de Chine formant candélabres disposés pour l'électricité; monture en bronze doré finement ciselée de style Louis XIV.

70 — Lustre en bronze doré orné de cristaux travail de la maison Gagneau.

71 — Pendule en marbre noir, cadran de forme architecturale orné de bronzes, posé sur un entablement formant crédence à cariatides et frise en bronze doré. Commencement du xixe siècle.

72 — Pendule en bronze doré à figure de jeune femme caressant un agneau posé sur le cadran. Commencement du xixe siècle.

73 — Pendule en bronze doré de même époque; base à ornements ciselés supportant une statuette allégorique à la musique appuyée sur le cadran.

74 — Pendule sur socle modèle à rocailles. Style Louis XV.

75 — Jardinière de forme contournée en émail cloisonné de Chine.

76 — Brûle-parfums en bronze japonais.

77 — Paire de flambeaux trépieds en bronze doré.

78 — Petit cartel en bronze ciselé et doré de style Louis XV.

79 — Petit groupe en bronze chinois représentant une souris sur un potiron.

80 — Groupe en bronze formé par une maisonnette posée sur un terrassement.

81 — Soucoupe en cuivre émaillé fond bleu décorée d'un cachet, travail chinois.

82 — Petit coffret en fer rehaussé de peintures.

OBJETS DE VITRINE

Argenterie, Porcelaines, Faïences

Objets variés

83 — Boite ovale en jaspe monture en or gravé.

84 — Boite ovale en or émaillé bleu à dessin rayonnant, monture Louis XV en or ciselé.

85 — Montre en or ciselé ornée d'un médaillon en émail à figure de jeune femme, entourage en jargons. Epoque Louis XVI.

86 — Boite ronde en écaille doublée d'or ornée sur le couvercle d'une miniature, portrait de femme Louis XVI. Signé : GRAFF F.

87 — Deux miniatures : Portraits de femmes.

88 — Petite verseuse Louis XV en argent.

89 — Grande tasse en argent uni, anse à tête chimérique.

90 — Tasse et soucoupe en argent gravé à décor de grecque.

91 — Bougeoir en argent repoussé. Style Louis XV.

92 — Petit huilier en argent, style Louis XV, burettes en cristal gravé.

93 — Moutardier en argent modèle à vannerie et sa cuiller.

94 — Sucrier avec plateau et couvercle en cristal monture en argent à guirlandes de fleurs et de feuillage.

95 — Petite poudrière forme vase en argent modèle Louis XV.

96 — Petite lampe forme antique en argent, décorée en relief d'une tête de femme ciselée.

97 — Cuiller à fruits et ciseau à raisin en argent ciselé.

98 — Petite boite en argent couvercle filigrané.

99 — Deux petites fourchettes et une cuiller manches en argent ciselé et en ivoire.

100 — Cuiller à sucre en argent.

101 — Deux petits plateaux cendriers en argent décor à feuilles de choux.

102 — Petit vase porte-bouquets en argent, dessin à cannelures et feuillages.

103 — Petite coupe octogonale en argent doré et ciselé sur quatre pieds.

104 — Petit char romain attelé de trois chevaux en argent.

105 — Bonbonnière en argent repoussé offrant sur le couvercle une figure de Diane et de Nymphe.

106 — Jardinière oblongue en argent repoussé décor en relief à sujet champêtre.

107 — Coupe à gâteaux en argent russe modèle Louis XV, intérieur doré.

108 — Sucrier ovale en argent repoussé et sa pince à sucre.

109 — Quatre petites salières rondes en cristal, monture en argent ciselé à guirlandes; avec leur pelle.

110 — Six coquetiers en argent, bordure ciselée.

111 — Six timbales à liqueurs en argent guilloché.

112 — Petit plat à œuf en argent uni, anses à écussons ciselés.

113 — Douze timbales à liqueurs en argent, bordure à feuillage ciselé.

114 — Six tasses à café et six soucoupes en argent uni.

115 — Tasse à café et sa soucoupe en argent gravé.

116 — Paire de flambeaux bas en argent uni.

117 — Petite timbale en argent gravé, travail russe.

118 — Tasse à déjeuner et sa soucoupe en argent uni.

119 — Cure ongles et cure oreilles, deux petits étuis et un tire-bouchons en argent.

120 — Coupe sur trois pieds en argent décorée en relief de guirlandes et nœuds de rubans.

121 — Passe thé, rond de serviettes et manche à gigot, en argent.

122 — Cuiller en argent doré ornée d'une figure de St-Georges, manche ciselé — très petite boîte en argent.

123 — Petite salière en argent à figure d'enfant combattant une chimère.

124 — Douze couteaux de table, douze couteaux à dessert à lames d'acier et manches d'ivoire et douze couteaux à dessert de même modèle à lames d'argent.

125 — Flambeau Louis XIV à deux lumières en métal argenté et son éteignoir.

126 — Corbeille à deux anses simulant la vannerie en métal argenté.

127 — Groupe en porcelaine de Saxe. Epoque de Marcolini.

128 – Figurine de Saxe : Femme dansant la pavane.

129 — Bouteille en porcelaine de Vingh-Long, décor feuillagé vert sur fond blanc.

130 — Paire de jardinières en porcelaine de Chine fond bleu à réserves de personnages.

131 — Applique forme vase en porcelaine de Chine décor de caractères chinois.

132 — Vase à couvercle en porcelaine de Jacob Petit à semis de fleurettes dorées en relief.

133 — Deux grands plats ronds en ancienne faïence de Delft polychrome, offrant au centre des médaillons à décor de paysages.

134 — Grand vase en faïence italienne.

135 — Bannette en faïence de Rouen, forme octogonale à décor bleu.

136 — Paire de vases en faïence à reflets métalliques.

137 — Soupière en faïence brune forme Louis XV.

138 — Terrine à pâté en faïence fond vert, décor de branchages en relief. Cornichon en faïence.

139 — Sucrier forme cœur en terre brune vernissée.

140 — Corbeille ovale en faïence italienne ajourée, décor de fleurs.

141 — Soupière en faïence blanche décor à fleurs couvercle surmonté d'un fruit.

142 — Deux vases biberons en faïence italienne décor bleu et jaune supportant des lampes en cuivre.

143 — Bouteille porte-bouquets à long col en verre décoré de fleurs émaillées.

144 — Buste en terre cuite polychrome.

145 — Statuette de Pèlerin en bois sculpté avec gaine d'applique sculptée à rocailles.

146 — Deux encadrements de glaces en bois sculpté et doré. Epoque Louis XV.

147 — Armure complète.

TAPISSERIES

Etoffes

148 · Portière en ancienne tapisserie verdure : Paysage avec château et volatiles, bordure sur les quatre côtés.

149 — Tapisserie ancienne dite verdure, vue de paysage animé de volatiles.

160 — Tapisserie ancienne représentant un personnage offrant des bijoux à une reine assise dans un palais.

151 — Lot de bordures en ancienne tapisserie.

152 — Lot d'étoffes diverses.

153 — Objets omis.

www.ingramcontent.com/pod-product-compliance
Ingram Content Group UK Ltd.
Pitfield, Milton Keynes, MK11 3LW, UK
UKHW020538180726
13839UKWH00006B/2593

9 782329 530222